CON GRIN SUS CONOCIMIENTOS VALEN MAS

- Publicamos su trabajo académico, tesis y tesina

- Su propio eBook y libro - en todos los comercios importantes del mundo

- Cada venta le sale rentable

Ahora suba en www.GRIN.com
y publique gratis

Bibliographic information published by the German National Library:

The German National Library lists this publication in the National Bibliography; detailed bibliographic data are available on the Internet at http://dnb.dnb.de .

This book is copyright material and must not be copied, reproduced, transferred, distributed, leased, licensed or publicly performed or used in any way except as specifically permitted in writing by the publishers, as allowed under the terms and conditions under which it was purchased or as strictly permitted by applicable copyright law. Any unauthorized distribution or use of this text may be a direct infringement of the author s and publisher s rights and those responsible may be liable in law accordingly.

Imprint:

Copyright © 2018 GRIN Verlag
Print and binding: Books on Demand GmbH, Norderstedt Germany
ISBN: 9783668822016

This book at GRIN:

https://www.grin.com/document/445150

Jean Cédric Obame Emane

Cultura de Paz en el Nuevo Contexto Global (curso universitario)

GRIN Verlag

GRIN - Your knowledge has value

Since its foundation in 1998, GRIN has specialized in publishing academic texts by students, college teachers and other academics as e-book and printed book. The website www.grin.com is an ideal platform for presenting term papers, final papers, scientific essays, dissertations and specialist books.

Visit us on the internet:

http://www.grin.com/

http://www.facebook.com/grincom

http://www.twitter.com/grin_com

Cultura de Paz en el Nuevo Contexto Global (Curso Universitario)

Dr. Jean Cédric OBAME EMANE

Experto en Seguridad Internacional

Atlantic International University

Sumario

¿Qué es la paz?..3
Tabla 1: una tipología de la violencia..5
Tabla 2: zonas de paz...6
Periodismo y Educación para la Paz...7
Periodismo para la paz..7
Educación para la paz...9
Bibliografía...13

¿Qué es la paz?

Para todo el mundo la paz puede entenderse como la ausencia de guerra, o de conflicto violento o armado. Este acercamiento definicional de la paz no está mal, pero tiene límites. En realidad, el concepto de paz va más allá de esta concepción general. También podemos considerar la paz como la ausencia de toda forma de violencia. Estas categorizaciones de la paz tiene una designación en las relaciones internacionales (RRII): la paz positiva y la paz negativa que queremos comentar a continuación. La palabra paz es difícil de conceptualizar porque a veces se usa como una palabra no real o utópica (Grewal, 2003).

La índole de investigaciones para la paz es un esfuerzo de conseguir medios para vivir en un mundo sin violencia. En este curso desarrollamos dos tipos de paz distintos que derivan de la teoría de la paz y que por lo tanto se aplican a la sociedad y a la política, se trata de la paz positiva y la paz negativa. Galtung fue el primero a inventar estos términos en el artículo "Editorial" en su primera edición parecida en la revista *Journal of Peace Research* en 1964, (Grewal, 2003).

La historia asociada a la distinción entre la paz positiva y la paz negativa tiene su origen en los años 50 cuando los estudios para la paz estaban demasiados dedicados a la violencia directa, como por ejemplo lo eran el conflicto armado o agresiones estatales y estaban dominados por los Nortes Americanos. El *Peace Research Institute* de Oslo y la revista *Journal of Peace Research* eran fuentes de entendimiento frescos en la teoría de la paz. En los años 60, Galtung tuve que extender el concepto de paz y violencia incluyendo la violencia estructural o indirecta y eso constituyó un desafío directo a las ideas predominantes acerca de la fuente de la paz. Este acercamiento definicional y desarrollado al concepto de violencia condujo a una definición más extendida de la paz (Grewal, 2003). Según Galtung en su artículo anteriormente citado, "An Editorial" de 1964, la paz negativa "es la ausencia de violencia, ausencia de guerra" y la paz positiva "es la integración de la sociedad humana. "

En 1964, Galtung no utilizó la expresión "violencia estructural" pero "integración humana." Asimismo, estos dos tipos de paz se deben considerar como dos dimensiones distintas, en las que uno es posible sin el otro. Modelos de política y de propuestas de paz positiva incluyen un entendimiento humano mejorado gracias a la comunicación, la cooperación internacional, la educación para la paz, resolución o arreglo de conflictos, manejo de conflictos y arbitración (Grewal, 2003).

De hecho, el papel de los estudios para la paz es de llevar a cabo investigaciones de manera simultánea sobre aspectos tantos positivos como negativos de la paz, al mismo tiempo las condiciones para la ausencia de la violencia y las condiciones para la paz.

El mayor argumento de Galtung es que una comprensión adecuada del concepto de violencia es un prerrequisito para entender y definir lo que llamamos paz. Es evidente que la paz no es simplemente la ausencia de la violencia inmediata (paz negativa) pero también la ausencia de la violencia estructural (paz positiva). La violencia estructural tiene fuentes en la violencia que resulta de las estructuras económicas, sociales y políticas de la sociedad (el hambre, no tener acceso a la educación, a la salud, ausencia derechos humanos, salarios precarios o muy bajos, una representación política limitada o no-existente etc…), en vez de la violencia directa (violencia corporal), la que tiene como fuente el uso de la fuerza.

En los años 90 Galtung introdujo en su artículo "Violencia Cultural" el concepto de violencia cultural, una nueva dimensión del concepto de violencia. Se trata de esos aspectos de la cultura que dan legitimidad para justificar la violencia en su forma directa o indirecta. La violencia simbólica encontrada en una cultura no destruye o hace tanto daño como la violencia directa o la violencia existente o la que vemos en la estructura de la sociedad, pero se usa para legitimar uno u otro de ambos tipos de violencia como se nota en la teoría de *Herrenvolk* o raza o pueblo superior.

Galtung (1990) subraya que símbolos como estrellas, paradas militares, banderas, la foto del líder, discursos inflamatorios y pósteres son aspectos de la violencia estructural. Según el autor, la violencia cultural hace que la violencia directa o estructural parezca algo normal, digamos algo que no es malo. En esta perspectiva, los estudios para la paz necesitan una tipología de la violencia, de la misma manera que una enfermedad constituye una de las precondiciones para los estudios de medicina (Galtung, 1990).

Por eso, el autor tuvo que conceptualizar otra dimensión de la violencia. Consideraba la violencia entonces como "insultos que podemos evitar a las necesidades básicas del ser humano, especialmente a la vida, bajando el nivel real de satisfacción de sus necesidades bajo lo que es potencialmente posible." Amenaces de violencia también son violencia. Mezclando la diferencia entre la violencia estructural y la violencia directa con cuatro tipos de necesidades básicas obtenemos la tipología de la Tabla 1 (Galtung, 1990). El autor identifica lo siguiente: *Necesidades de subsistencia (negación:* muerte, mortalidad); necesidades de bienestar (negación: miseria, mortalidad); identidad, (negación: alienación); y las necesidades de libertad (negación: represión). Consecuentemente, tenemos ocho tipos de violencia con subtipos, fácilmente detectable en el caso de la violencia directa pero más difícil para la violencia estructural (ver Tabla 1).

Tabla 1: una tipología de la violencia

	Necesidades de subsistencia	Necesidades de Bienestar	Necesidades de Identidad	Necesidades de Libertad
Violencia Directa	Muerte	Miseria, Sanciones	Desocializacion, Resocialización, Ciudadanos de Segundo Rango	Represión, Detención, Expulsión
Violencia Estructural	Explotación A	Explotación B	Penetración, Segmentación	Marginalización, Fragmentación

El análisis de Arie Kacowicz sobre la paz estable ha conducido a lo que él llamó "zonas de paz". Por zona de paz, Kacowicz (1998) quería referirse a "una región geográfica discreta del mundo en la que grupos de estados han mantenido relaciones pacíficas entre sí durante un periodo mínimo de treinta años, a pesar de que guerras civiles, inestabilidades políticas internas, y violencia aun ocurren entre sus fronteras, como también lo son conflictos y crisis internacionales entre sí."

Kacowicz (1998, p. 15) analiza las siguientes zonas de paz:

Tabla 2: zonas de paz

Zonas	Periodos
Europa	1815-1848
Europa	1871-1914
Europa Occidental	desde 1945
América del Norte	desde 1917 hasta el presente
América del Sur	desde 1883 hasta el presente
Africa del Oeste	desde 1987 hasta el presente (K escribió)
Asia Oriental	desde 1953
Australasia	desde 1945
Los países del ASEAN del Sul de Asia	desde 1967
Europa Oriental	1945-1989

Periodismo y Educación para la Paz

Periodismo para la Paz

Galtung (2015) sostiene que para argüir sobre el periodismo para la paz, tenemos que argüir sobre la paz misma. Para argüir sobre la paz, tenemos que argüir sobre conflictos y sus posibles resoluciones. Para argüir sobre la resolución de conflictos, tenemos que argüir sobre la profunda participación o involucramiento de Estados Unidos en numerosos conflictos internacionales. El papel del periodismo no es únicamente el de informar al mundo sobre los acontecimientos que ocurren; el papel del periodismo para la paz es identificar fuerzas y contrafuerzas para y contra la paz y hacerlas visibles, creyendo así efectos que podrían resultar en posibles resoluciones (Galtung, 2015).

Reconozco que la afirmación de Galtung sobre el periodismo para la paz es digna de mención en el sentido que si hablamos del periodismo para la paz hablamos de cuestiones que participan en la cultura de paz. Si debatimos sobre la paz es evidente que debatiremos sobre resoluciones de conflictos, por supuesto es un análisis complejo. En esta perspectiva, entendemos que el periodismo para la paz tiene que ver con asuntos de paz, por lo tanto investigaciones sobre la paz. De mi punto de vista, eso significa que es menos probable que el periodista de paz haga una propaganda inflamatoria sobre una cuestión determinada o especifica. Tampoco está influenciado por una fuerza externa que le dicta lo que tiene que hacer en su análisis o investigación. Es una persona implicada en asuntos de resoluciones de conflictos y de educación para la paz en el sentido que el periodista es un educador y por consiguiente alguien que tiene una influencia en la mente e inteligencia de sus leedores o los que le ve en sus pantallas de tele, computadora, Tablet o Smartphone.

En aquel momento, el periodista debe de tener cuidado con la manera con la que maneja información antes de que la misma sea divulgada al público, puesto que la gloria no es su objeto pero fomentar una cultura de paz basada en el hecho de que la contra violencia no es la única opción o alternativa a la violencia como todos los medios de comunicación quieren hacerlo creer al público. Al final, la observación de Galtung tiene una gran importancia aquí ya que nos indica que si un periodista se involucra en el periodismo para la paz el mismo tendrá que ser implicado en el desempeño de una cultura de paz y de alguna forma tendrá que hacer investigación sobre medios de analizar conflictos.

Los autores de World beyond War (WBW) contrastan el periodismo para la paz con el periodismo para la violencia. Explican que el movimiento del periodismo para la paz fue inventado por un especialista de cuestiones de paz llamado Johan Galtung, en qué escritores y editores dan al lector la posibilidad de considerar opciones no violentas al conflicto en vez de la reacción tradicional de contra violencia. WBW (2015) informa que son muchos los periodistas, escritores y comentadores que están centrados en el antiguo paradigma que la guerra es inevitable y que al mismo tiempo trae paz. El periodismo para la paz es algo diferente porque se enfoca en los origines culturales y estructuras de agresiones y su efecto en la gente; el mismo examina conflictos en su complejidad real en contraste al periodismo para la violencia teniendo como enfoques "los buenos contra los malos".

Me parece que este análisis por parte de los autores de World beyond War se debe tomar en serio ya que cuando vemos los informativos tenemos la impresión de que los periodistas controlan nuestros pensamientos e inteligencia de manera subjetiva. Es decir que casi deciden en vez de nosotros mismos. Más en particular, estos periodistas nos hacen ver los chicos buenos contra los chicos malos en sus reportajes. Eso es exactamente lo que los periodistas en la actualidad hacen, podemos percibir que dan sus puntos de vistas y son demasiados subjetivos. Como mencionado anteriormente, lo cierto es que los reporteros son de cierta manera educadores y tienen una influencia sobre el entendimiento y la opinión de la gente, es por esta razón que hace falta que tengan mucho cuidado sobre la clase de discurso o información, análisis e imágenes que proporcionan y traen a la gente en las pantallas de sus televisiones, ordenadores o en la prensa escrita – periódicos – . Fallar en haciendo correctamente este trabajo resultará en fracasar en el desarrollo de una verdadera cultura de paz.

Afortunadamente, el periodismo para la paz ha aparecido como una nueva forma de periodismo que tiene mucho cuidado con la clase de imágenes que se enseña en la pantalla, puesto que tiene en cuenta las consecuencias que pueden tener los reportajes; tiene mucho cuidado con las palabras que los reporteros usan, como saben que algunas palabras pueden ser muy inflamatorias. Esta clase de periodismo parece ser el que necesita el mundo si quisiéramos desarrollar y solidificar una cultura de paz y vivir en un mundo mejor.

Educación para la Paz

Harris (2010) vela por la importancia del estudio del conflicto, la violencia y la paz en las universidades africanas y debatir medios para conseguir eso. El autor afirma que los estudios de paz pueden no significar lo mismo para todo el mundo. Harris (2010, p. 293) menciona el artículo *Peace Education Theory de* Ian Harris, que ha desarrollado 5 significados para los estudios de paz: la educación para los derechos humanos, la educación para el desarrollo, la resolución del conflicto, la educación internacional y la educación para el medio ambiente. El análisis del autor está básicamente centrado en las causas del conflicto y los medios non-agresivos para arreglar conflictos.

Harris (2010) continúa su argumentación indicando que cada disciplina tiene su propia terminología y los estudios para la paz no son ninguna excepción. El conflicto se refiere a una incompatibilidad de necesidades o intereses entre dos o más grupos – individuos, Estados o grupos – y el mismo es muy común, considerado como algo inevitable (Harris, 2010). La violencia es una opción para manejar estos tipos de conflictos y Galtung (1990) ha identificado tres clases de violencia. La violencia física o violencia directa se refiere a un verdadero daño o amenaza de daño físico o psicológico a otro grupo; la violencia domestica – aunque eso pueda referirse a mayores aspectos, en particular el abuso verbal o económico – el castigo o escarmiento corporal y la guerra son ilustraciones obvias.

La violencia estructural se refiere al daño resultando de las estructuras políticas, sociales y económicas de la sociedad (Galtung, 1990). A menudo, no tiene la intención de hacer daño de manera directa pero es al mismo tiempo muy perjudicial. El sistema de Apartheid en Sudáfrica es otra ilustración evidente de la violencia estructural (Harris, 2010). Galtung (1990, p.145) sostuve que la violencia estructural supone un "proceso silencioso, desarrollándose lentamente en la manera con la que la miseria en lo general y el hambre en particular, finalmente destruye a seres humanos." Harris (2010) comenta que esta clase de violencia por lo tanto describe las estructuras que mantienen la supremacía de un grupo al centro del poder sobre otro grupo a la periferia.

De manera más pragmática, la violencia estructural puede manifestarse de varias maneras: salarios bajos, un sistema de salud pobre, una privación de tierras para poblaciones, una representación política no existente, una ausencia de derechos humanos y por lo general, un control limitado sobre la propia vida o existencia de la gente (Harris, 2010). Si los que sufren la violencia estructural resisten o intentan cambiar su condición, van a padecer la violencia directa. La negligencia, explotación e exclusión social que son características de la violencia estructural destrozan comparativamente a la violencia directa, pues destrozan más gente.

Harris (2010) informa que la violencia cultural es relativamente un concepto diferente y se refiere a las racionalizaciones o justificaciones para usar la violencia corporal o la violencia estructural sobre otro grupo. Eso implicaría una creencia en algún tipo de hegemonía de un grupo sobre otro – por ejemplo Israel sobre los palestinos, los blancos de Sudáfrica sobre los negros y un Estado sobre otro durante tiempo de guerra – y la creencia en la hegemonía de un grupo étnico, probablemente definido por la cultura, el lenguaje o la religión sobre los demás. Tenemos una categorización de la paz, que es la paz positiva y la paz negativa. También tenemos la paz estable, la paz precaria y la paz condicional. Harris (2010) para el objetivo de su análisis define la paz como un modo de vivir consagrado a la resolución no violenta del conflicto, y una dedicación a una justicia personal y social. Ahora la pregunta es la siguiente: ¿porque debemos involucrarnos en los estudios para la paz?

Harris (2010) sostiene que hay 4 razones mayores que pueden ser recomendadas. La primera, el conflicto – lo que se puede entender simplemente como una diferencia de interés entre dos o más grupos – es lo común e inevitable. La segunda razón es que la violencia es una respuesta común al conflicto aunque, la misma es el resultado de la elección de grupos individuales, nunca jamás es inevitable. Además, la violencia es éticamente y espiritualmente indeseada. Puede parecer que la violencia es una opción que podría arreglar un conflicto rápidamente, pero esta alternativa cuesta mucho dinero y es posiblemente improductiva; no es probable resolver el conflicto como para satisfacer cada grupo involucrado. Eso implica que habrá vencedores y perdedores y hay probabilidad de que el conflicto surja de nuevo.

La tercera razón es que la resolución no violenta es comúnmente efectiva. Según el autor, eso requiere un enorme acrecentamiento del nombre y aptitudes de negociadores, mediadores, implementadores y monitores de arreglo pacíficos de conflictos. Otro argumento a considerar es la importancia de los mediadores individuales en la práctica de la mediación y no de recurrir a la diplomacia basada en el poder político, cuya consecuencia es responsable de la mayoría de los fracasos de los esfuerzos de mediación internacional en las guerras civiles africanas durante los años 90 (Harris, 2010). Una preparación o formación profesional o académica es un prerrequisito para los que actúan como mediadores. En el sentido más amplio, tratar conflictos con medios específicos no es imposible (Harris, 2010). Existen medios más efectivos y menos costosos para arreglar conflictos que se pueden aprender. Esta última razón subraya el hecho de que los estudios para la paz están centrados sobre el cambio de las mentalidades de naciones, grupos e individuos en lo relativo a la manera con la que están manejados los conflictos (Harris, 2010).

Me parece que Harris ha notado que la educación para la paz es fundamental para el fomento o construcción de una cultura de paz, más en particular en el continente africano. El autor nos ha explicado las opciones que tenemos a nuestra disposición cuando nos encontramos en situación de conflicto, al mismo momento definiendo lo que es el conflicto. Afirma que la violencia es una de esas opciones, pero sostiene que eso no significa que la violencia es inevitable, solo es una alternativa. Luego subraya que la otra opción al conflicto es su resolución pacífica, es decir no uso de violencia o de fuerza. Y Harris ha explorado la categorización de la paz que desarrolló Galtung: la paz positiva y la paz negativa, para explicar el concepto de violencia. En efecto, el autor ha argüido que según Galtung hay tres tipos de violencia –.la violencia directa o corporal; la violencia estructural o indirecta y la violencia cultural –. Tras presentar todos estos conceptos, Harris (2010) ha llegado a la importancia de aplicarlos en los programas de educación para la paz en universidades africanas.

Admito que este argumento del autor se debe analizar con mucho cuidado ya que evidencia uno de los prerrequisitos de la cultura de paz en el continente africano. El autor ha comparado la necesidad de la educación para la paz con el número creciente de guerras civiles en África durante los años 90, cuya mayoría han sido fracasos al intentar de resolverlas. Por esta razón, los africanos, particularmente los estudiantes africanos necesitan una formación universitaria en los valores de paz. Eso implica que las universidades africanas deberían introducir los estudios de paz en sus programas académicos y ofrecer diplomas en resolución de conflictos, estudios de paz y RRII, imprimiendo en la mente de los estudiantes cursando programas de paz, la necesidad de un sistema alternativo al presente sistema de violencia (conflictos interestatales y conflictos internos a los Estados semejantes a guerras civiles). La educación o formación universitaria en los ámbitos de la paz tendrá evidentemente un mayor papel al respecto.

Bibliografía

Galtung, J. (1964). "An Editorial". *Journal of Peace Research*, 1(1), p.1-4.

Galtung, J. (1990). "Cultural Violence". *Journal of Peace Research*, 27 (3), p. 291-305.

Galtung, J. (2015). "Peace Journalism and Reporting on the United States". *The Brown Journal of World Affairs*, Vol. 22 (1), p. 321-332.

Harris, G. (2010). "Studying conflict, violence and peace in African universities". *Higher Education*, 59: p. 293–301.

Grewal, B.S. (2003). "Johan Galtung: Positive and Negative Peace". Retrieved from: www.activeforpeace.org.

Kacowicz, A.M. (1998). Zones of Peace in the Third World: South America and West Africa in Comparative Perspective. Albany, NY: State University of New York.

World beyond War (2015). A Global Security System: An Alternative to War. United States: World beyond War, retrieved from: www.worldbeyondwar.org .

CON GRIN SUS CONOCIMIENTOS VALEN MAS

- Publicamos su trabajo académico, tesis y tesina

- Su propio eBook y libro - en todos los comercios importantes del mundo

- Cada venta le sale rentable

Ahora suba en www.GRIN.com
y publique gratis